RÉFLEXIONS

Sur l'Article du Règlement Militaire, qui établit six Chirurgiens-Majors pour les six Divisions de la Garde Nationale Parisienne, & sur le Chirurgien à nommer par chaque District.

Par M. P. Süe, ancien Prévôt du Collége de Chirurgie, Chirurgien de la Municipalité de Paris, ancien Professeur d'Anatomie & de Chirurgie, Membre de plusieurs Académies Nationales & Etrangères, &c.

Plurium bona ponamus ante oculos, ut aliud ex alio hæreat, & quo quidque loco conveniat optemus.
QUINTIL. LIB. X, CAP. II.

1789.

RÉFLEXIONS

Sur l'Article du Règlement Militaire, qui établit six Chirurgiens - Majors pour les six Divisions de la Garde Nationale Parisienne, & sur le Chirurgien à nommer par chaque District.

LES réflexions suivantes n'ont pour objet que l'utilité publique, & le plus grand bien des Citoyens, sur-tout de ceux qui se destinent à être les défenseurs de nos foyers. Je me crois d'autant plus en droit de publier ces réflexions, que non-seulement je n'ai pas concouru pour obtenir une des six places de Chirurgien-Major, mais que j'ai même refusé les voix qu'on m'offroit. Je puis donc m'expliquer librement,

A 2

fans craindre qu'on donne une mauvaife interprétation à mes idées (1).

Meffieurs les Rédacteurs du Règlement Militaire pour le Régiment National ont cru nécef-faire, qu'il y eût un Chirurgien-Major pour chacune des fix Divifions de mille hommes, qui compofent la Garde Nationale foldée. Ces fix Chirurgiens-Majors doivent, pour faire leur fervice, avoir chacun à parcourir dix Diftricts, plus ou moins éloignés les uns des autres. Quiconque connoît un peu les troupes, conviendra que fur mille foldats, il y en a toujours au moins une vingtaine, attaqués de maladie foit interne, foit externe. C'eft donc à-peu-près vingt malades par jour qu'il faudra que le Chirurgien-Major vifite. Rien fans doute ne feroit plus aifé, fi ces malades étoient tous réunis dans le même endroit; mais quand ils feront divifés dans des Diftricts, éloignés quelquefois les uns des autres d'une demi-lieue, quel tems ne faudra-il pas employer pour les vifiter tous? D'ailleurs, fi un accident imprévu, une maladie fubite oblige d'avoir recours fur-

---

(1) Un de mes Confrères (M. Bodin a déja publié fur le même fujet des obfervations qui ont réuni tous les fuffrages. Çelles-ci viennent à l'appui des fiennes.

le-champ au Chirurgien-Major, où le trouvera-
t-on , lorfqu'il fera occupé à parcourir les Diftricts ou à foigner fes propres malades ? Cepen-
dant ou le bleffé périra faute de fecours , ou les
accidens de la maladie augmenteront à un tel
point , que, quand le fecours arrivera , l'état
du malade fera défefpéré.

Il faut être de bonne foi , & convenir que, fi
l'établiffement refte tel qu'il eft, il arrivera , ou
que le Chirurgien-Major fera obligé de négliger
fes propres affaires pour celles des Diftricts, ou
qu'il négligera celles-ci pour les fiennes. J'ai certainement la meilleure opinion des Chirurgiens-
Majors mes Confrères : je connois & leurs
talens & leur exactitude à remplir les fonctions
de leur état, mais, ils ne peuvent aller au-delà de
leurs forces , & je ne crois pas leur faire injure,
en difant, que lorfqu'ils ont poftulé (1) ou, fi l'on
veut, accepté les nouvelles places, s'ils euffent
cru faire le facrifice de leurs propres affaires ,
aucun d'eux ne fe fût mis fur les rangs. Je
connois & je loue leur défintéreffement. Il eft

----

(1) *Ganganelli* avoit pour maxime de ne jamais accorder de places à ceux qui les follicitoient où les faifoient
folliciter. *Je veux* , difoit ce célèbre Pontife, *un homme
dont la place ait befoin, & qui n'ait pas befoin de la
place.*

bien clair que ce ne font pas les honoraires attachés à ces places qui les ont féduits, puifque le Tambour-Major eft prefqu'autant payé qu'eux. Ce n'a donc pu être que le defir de concourir avec la Commune au bien général, qui a animé leur zèle & provoqué leurs démarches.

Quoiqu'il en foit, il n'en eft pas moins vrai qu'ils fe font impofé une trop rude charge : ils l'ont fans doute bien fenti ; mais ils ont efpéré la partager. Les Diftricts eux-mêmes, après de mûres réflexions, ont reconnu l'impoffibilité qu'il y avoit que les Chirurgiens-Majors rempliffent exactement leurs fonctions. C'eft ce qui les a prefque tous déterminé à arrêter de nommer des Chirurgiens pour eux feuls, afin d'être fûrs que leurs foldats trouveroient promptement & affiduement les fecours Médicinaux & Chirurgicaux, dont ils pourroient avoir befoin. Ils auroient mieux fait fans doute de prendre ce parti, avant de nommer les Chirurgiens-Majors, qu'ils feront peut-être obligés de défavouer.

L'inutilité de ces places étant rigoureufement démontrée, leur fuppreffion deviendra une néceffité, fi les foixante Diftricts s'accordent pour nommer chacun un Chirurgien, qui aura foin des cent hommes foldés. Que deviennent alors les fonctions des Chirurgiens - Majors? Croient-ils qu'on les paiera feulement pour voir avec leurs Confrères des malades ou des bleffés qui fans doute ne feront foignés qu'en première inftance? car je ne doute nullement que les Diftricts ou la Municipalité ne fe déterminent à établir un Hopital-général , tel que celui du Gros Caillou , où l'on tranfportera les malades & les bleffés , après qu'on leur aura donné les premiers fecours dans les Cafernes des Diftricts: je ne doute pas non plus que la direction de cet Hopital pour la fanté ne foit confiée à M. Dufouart , feul véritable Chirurgien-Major de l'ancien Régiment des Gardes-Françoifes , pour le dédommager de la perte qu'a dû lui occafionner l'anéantiffement de ce Régiment.

Chaque Diftrict nommant un Chirurgien , ce feront donc foixante Chirurgiens employés , au lieu de fix , foixante Chirurgiens qui auront de l'occupation , & la même que les fix Chirurgiens - Majors prétendent pouvoir faire feuls. On a objecté à cet égard qu'il y avoit des Diftricts dans lefquels on ne trouvoit pas de Chirurgien , avec qualité légale , à qui on pût confier la fanté des cent hommes foldés.

Cette objection est aisée à résoudre. D'abord
il est de fait & hors de doute que si l'on veut
que le service de la Garde Nationale soit bien
fait, les Districts ne peuvent pas rester dans
l'état où ils sont. On sait qu'il y en a qui
sont beaucoup trop étendus, tandis que d'autres sont beaucoup trop resserrés. On fera donc
obligé de les diviser, de manière que les cent
hommes soldés de chacun aient à parcourir
à-peu-près le même terrein, & que la durée
ainsi que le travail du Service soient égaux.
Alors, on trouvera aisément dans chaque District un Chirurgien, avec qualité, qui fera à
portée de donner, en cas de besoin, les secours de son art aux cent hommes casernés.
D'ailleurs, est-il donc si nécessaire que ces
secours ne soient administrés que par un Chirurgien, qui demeure dans l'arrondissement
du District? ne suffit-il pas qu'il en soit peu
éloigné, & qu'on ait le tems de l'appeller, sans
danger pour la vie du malade ou du blessé?

Je faisois part de ces réflexions au Président
d'un District : je tâchois sur-tout de lui démon-
trer l'impossibilité que je trouvois, à ce que les six
Chirurgiens-Majors remplissent exactement leurs
devoir. Il crut avoir détruit cette impossibilité par
l'argument suivant. Quoi ! Monsieur, me dit-il,

(9)

vous vous imaginez que les Chirurgiens-Majors
exerceront feuls les fonctions attachées à leur place?
Vous croyez qu'ils fe tranfporteront tous les jours
dans les dix Diftricts, & même à toute heure,
lorfqu'ils feront mandés ? Vous ne favez donc
pas que leur intention eft de placer dans chaque Diftrict un Elève, auquel ils donneront le
titre d'Aide-Major, qui appliquera le premier
appareil dans les cas urgens, qui donnera les
premiers fecours dans les maladies fubites, &
qui enfuite rendra compte au Chirurgien-Major ?

J'ai répondu que l'intention prêtée à mes Confrères étoit purement gratuite & défavouée par
eux; j'ai répondu que je les croyois trop attachés à
leur Corps, pour fe permettre d'avoir ainfi chacun
dix Elèves, exerçans fous leurs noms, ailleurs
que chez eux; j'ai affuré qu'ils étoient incapables
d'introduire dans Paris foixante Chirurgiens de
plus, travaillans fans qualité, ce qui donneroit
encore lieu aux plaintes fi juftes, & fi fouvent
portées au Collége de Chirurgie & aux Magif-
trats, contre les Chirurgiens des Compagnies
des Gardes - Françoifes qui, quel que foit le
Brevet qu'on leur ait accordé, n'ont été placés
dans ces Compagnies que pour rafer, frifer
les foldats, & pour leur donner les premiers

fecours dans ces cas urgens ; mais qui jamais n'ont eu le droit de pratiquer la Chirurgie ailleurs que dans leurs Cafernes.

Rejettons donc bien loin le foupçon feul que les fix Chirurgiens-Majors aient même eu l'intention de placer dans chaque Diftrict des Elèves Aide-Majors.

Mais ce qu'ils n'ont pu , ni dû faire, les Diftricts peuvent le faire , avec cette différence que les Chirurgiens par eux nommés, feront tous inftruits & auront droit d'exercer, qu'ils n'auront en outre affaire pour leur fervice qu'à leur Diftrict , & qu'ils ne répondront qu'à lui feul de leur conduite.

On m'a dit, que fi les Diftricts fe détermi-noient chacun à nommer un Chirurgien , on avoit fuggéré aux Chirurgiens-Majors l'idée de demander le titre de Chirurgien foit Confultant foit Infpecteur. Certainement ces Meffieurs fe garderont bien de faire une pareille de-demande : en voici les raifons : 1°. On ne pourroit leur donner le titre de Confultant que pour l'Hopital-général qui feroit établi : car il ne peut y avoir de Confultans , là où il n'y a pas de malades à demeure : or, les cafernes des Diftricts ne devant être qu'un dépôt pour le prompt fecours, des Confultans ne pourroient y

(11)

exercer leurs fonctions , au lieu qu'ils pourront
les étendre brillamment dans un Hopital , où il
y aura constamment trois à quatre cens malades.
Resteroit à savoir , si le nombre de six Consultans
ne seroit pas trop à charge à l'Hopital où ils se-
roient nommés. 2°. Ces Messieurs demanderont
encore moins le titre d'Inspecteur : car de quoi
& de qui seroient-ils Inspecteurs? Il n'y a que
les Chefs de chaque District qui auront droit
d'inspecter , & ils ne souffriront sûrement pas
que des étrangers viennent exercer dans leur
enceinte un droit qui appartient à eux seuls.
Sans doute que les Chirurgiens-Majors n'enten-
dent pas inspecter leurs Confrères, les Chirurgiens des Districts : ils ne pourroient donc ,
sans se compromettre , ~~demander~~ aux Com-
munes le titre soit de Consultant, soit d'Inspecteur : ils resteront donc Chirugiens-Majors
ad honores , sans fonctions, & conséquemment
sans appointemens.

De tout ce qui vient d'être dit , il me paroît
résulter évidemment , 1°. que les nouvelles
places de Chirurgien - Major doivent être
anéanties, pour l'intérêt même de la Garde Nationale, (1) 2°. qu'il est bien plus utile, qu'il est

------

(1) On voit que j'attaque ici les Places & non les

même néceffaire qu'il foit établi dans chaque District un Chirurgien inftruit & avoué par la loi, pour donner fon fecours tant dans les cas urgens, que dans les maladies légères & de peu de durée : 3°. Qu'on ne peut fe difpenfer d'établir un Hopital-général où feront tranfportés les Soldats attaqués de maladies graves, internes ou externes, qui exigent un traitement fuivi & de grandes opérations.

Mais ce n'eft pas tout de placer dans chaque District un Chirurgien : il faut le payer & trouver des fonds pour cela. Il eft vrai que le Collége de Chirurgie vient de prendre & faire imprimer un arrêté, par lequel fes membres offrent de remplir gratuitement *les places de Chirurgiens des Diftricts.* Cette démarche généreufe a reçu les applaudiffemens qu'elle méritoit de tous les Diftricts, ou le Collége a fait porter, par des Députés nommés *ad hoc,* des exemplaires de fon arrêté (1). Mais je crois qu'il eft de la fageffe

---

Titulaires, que j'honore & j'eftime. Je ferois au défefpoir qu'ils crûffent que j'ai eu intention de les troubler dans leur jouiffance.

(1) Dans cet arrêté, le Collége dit que *l'infuffifance d'un Chirurgien-Major par Divifion eft généralement reconnue ;* c'eft fans doute cette phrafe qui a déterminé

(15)

d'une Adminiſtration bien réglée d'accorder quelque choſe à l'intérêt des hommes : l'enthouſiaſ-
me, il faut en convenir, n'a qu'un tems ; il s'uſe
avec lui ; en général on finit toujours par
faire mal ou au moins négligemment ce qu'on
fait ſans intérêt, ſur-tout ſi on a à remplir en
même-tems d'autres fonctions, où le beſoin com-
mande. Voyons donc quels honoraires on attri-
buera aux Chirurgiens des Diſtricts & ſur quels
fonds on prendra ces honoraires.

Tout le monde ſait qu'il y a à Paris pluſieurs Chirurgiens payés pour avoir ſoin des
pauvres de leur paroiſſe. Ce ſont les Fabriques
qui font cette dépenſe. Pluſieurs de nos Confrères rempliſſent ces places avec zèle & exactitude,
quoique les honoraires qui y ſont attachés ſoient
très-modiques. Ils rempliront de même les places de Chirurgiens des Diſtricts, puiſqu'ils offrent
déja leurs Services gratuits. Soit qu'on uniſſe,
ſoit qu'on ſépare ces deux places, les honoraires
qu'on donneroit aux Chirurgiens des Diſtricts,
qui n'auront que cent hommes à ſoigner, encore
momentanément, ne peuvent être conſidérables.

MM. les Chirurgiens - Majors à former une oppoſition
juridique à la Délibération du Collége. M. Peiletan, un
des ſix, a *abjuré* par écrit ſon oppoſition.

En les fixant à cent livres par an, si ce n'est pas bien payer les Chirurgiens, c'est au moins leur donner un léger dédommagement de leurs peines.

Si les Fabriques ne font pas ou assez nombreuses, ou assez riches pour subvenir à cette dépense, qui fait un total de six milles livres, il faut chercher d'autres ressources. J'en trouve déja une très-forte dans la suppression, si elle a lieu, des places des Chirurgiens-Majors, auxquels une administration municipale, aussi éclairée que celle qu'on se propose de créer, ne paiera sûrement pas par an six cent livres, pour ne rien faire. Ces Messieurs d'ailleurs font trop bons patriotes pour ne pas sacrifier à l'intérêt de leurs Concitoyens des places, qui feront dorénavant sans fonctions, & ils rougiroient de recevoir des honoraires sans travailler.

En supposant donc que cette suppression s'effectue, voilà déja un fond de trois mille six cent livres : restent deux mille quatre cent livres à ajouter, ou vingt-quatre Chirurgiens de Districts à payer. Quelque considérables que soient les dépenses de la Municipalité, elle connoît trop bien les droits sacrés de l'humanité souffrante, pour ne pas prendre, même sur ses besoins, de quoi venir à son secours. Au surplus,

il y a certainement dans Paris plus de vingt-
quatre Fabriques en état de fournir chacune
cent francs par an pour cet objet. Si elles ne
le pouvoient pas ou ne le vouloient pas, j'au-
gure trop bien de la charité Paſtorale de Meſ-
ſieurs les Curés de Paris, pour ne pas croire
qu'ils ne ſe prêteront pas volontiers à faire cette
dépenſe. Si enfin, ce que je ne puis croire &
contre toute eſpérance, on ne trouvoit pas les
moyens de compléter la ſomme de deux mille
quatre cent livres, pour payer les vingt-quatre
Chirurgiens qui reſtent, on eſt ſûr, après la démarche que vient de faire le Collége de Chirurgie, d'avoir la ſoumiſſion de vingt-trois de nos
Confrères, qui feront le Service *gratis*. Je brigue
ſeulement la faveur d'être admis le vingt-qua-
trieme à cette bonne œuvre.

C'eſt lorſque les reſſources pécuniaires ſont
épuiſées pour faire le bien, c'eſt ſur-tout lorſque le bien a pour but de remédier aux maux
ſans nombre qui affligent les Citoyens pauvres, c'eſt alors que l'on ſe porte avec zèle,
avec plaiſir, mais avec tranquillité & ſans en-
thouſiaſme, à des ſacrifices, qui ſont d'autant
plus ſtables & permanens, qu'ils partent d'une
charité bien éclairée, & dirigée par des vues

de bienfaifance, les plus honnêtes & les plus juftes.

Si j'ai raifon, j'en ai affez dit : fi j'ai tort, j'en ai trop dit.

FIN.

A PARIS, chez CLOUSIER, Imprimeur du ROI, rue de Sorbonne.

www.ingramcontent.com/pod-product-compliance
Lightning Source LLC
LaVergne TN
LVHW010836180726
843502LV00009B/3591